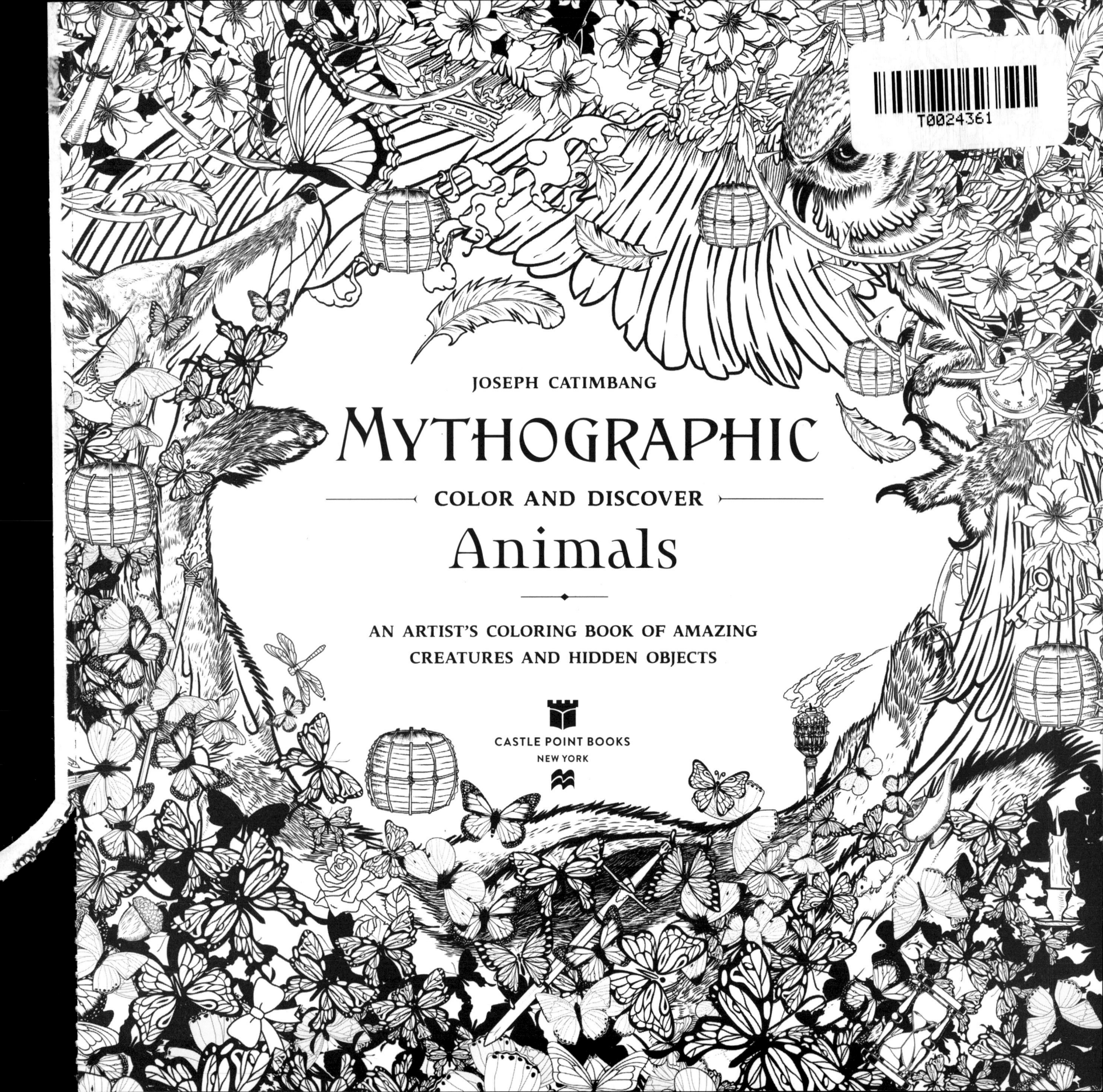

JOSEPH CATIMBANG

MYTHOGRAPHIC

— · COLOR AND DISCOVER · —

Animals

AN ARTIST'S COLORING BOOK OF AMAZING
CREATURES AND HIDDEN OBJECTS

CASTLE POINT BOOKS
NEW YORK

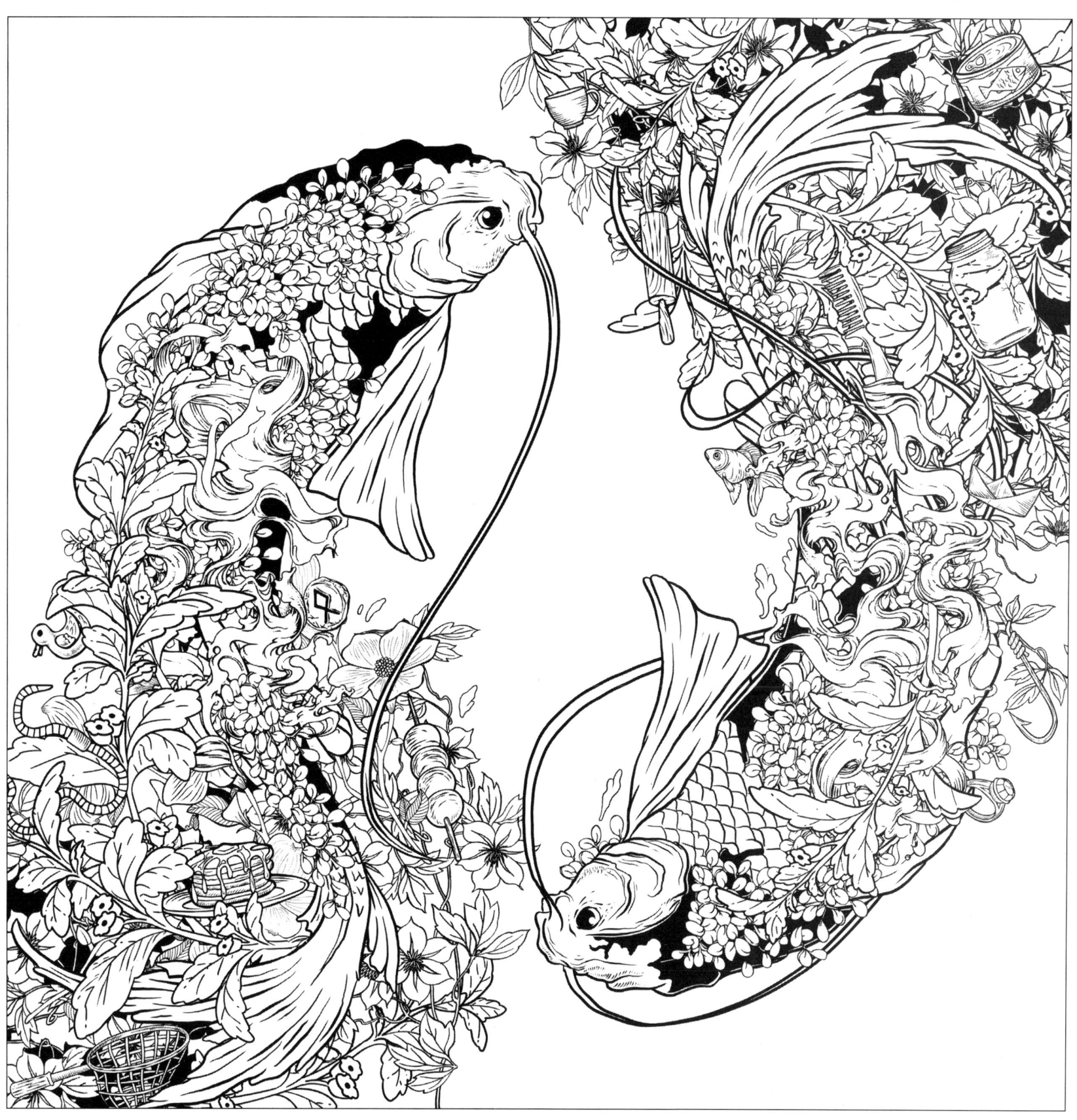

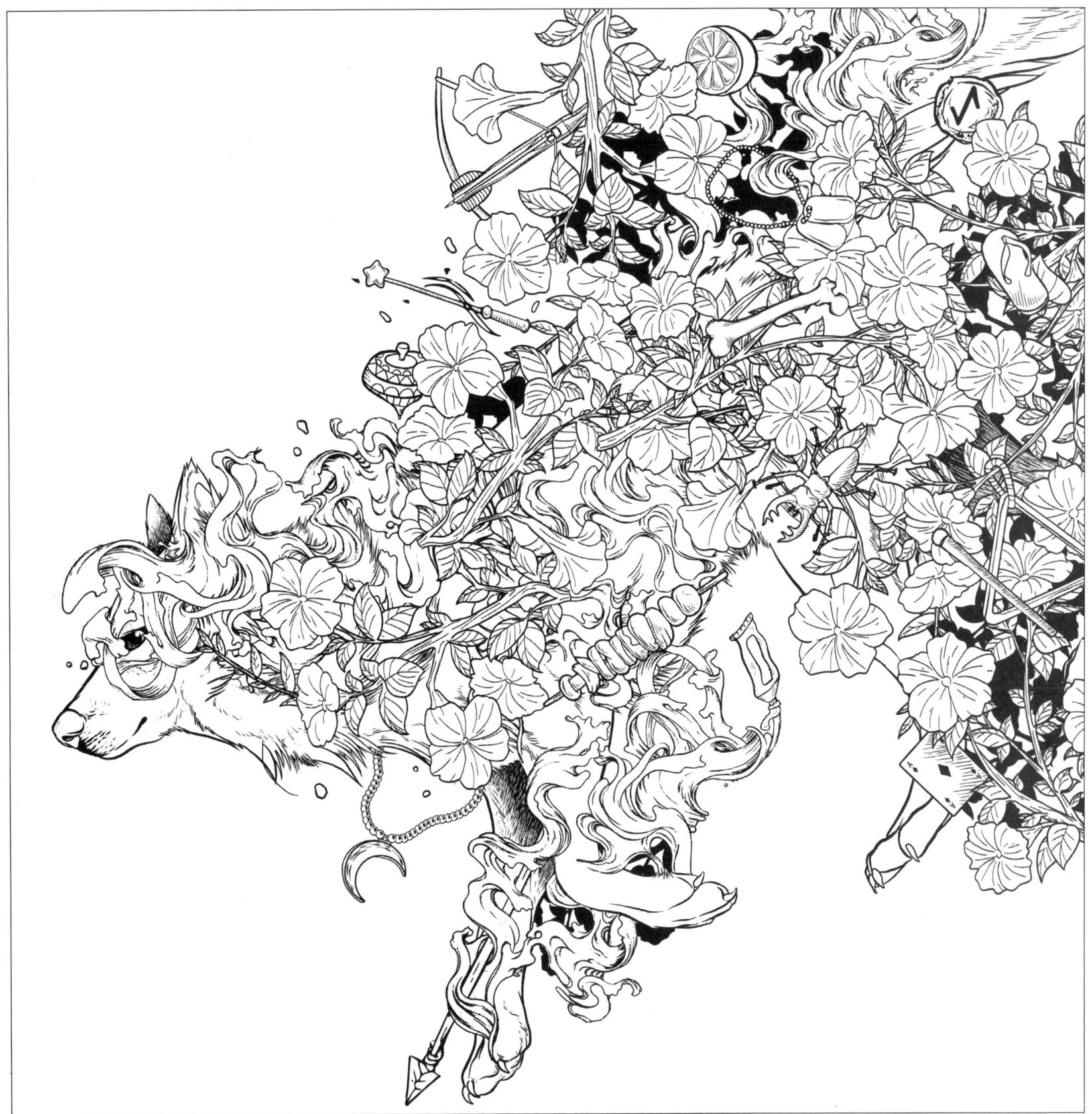

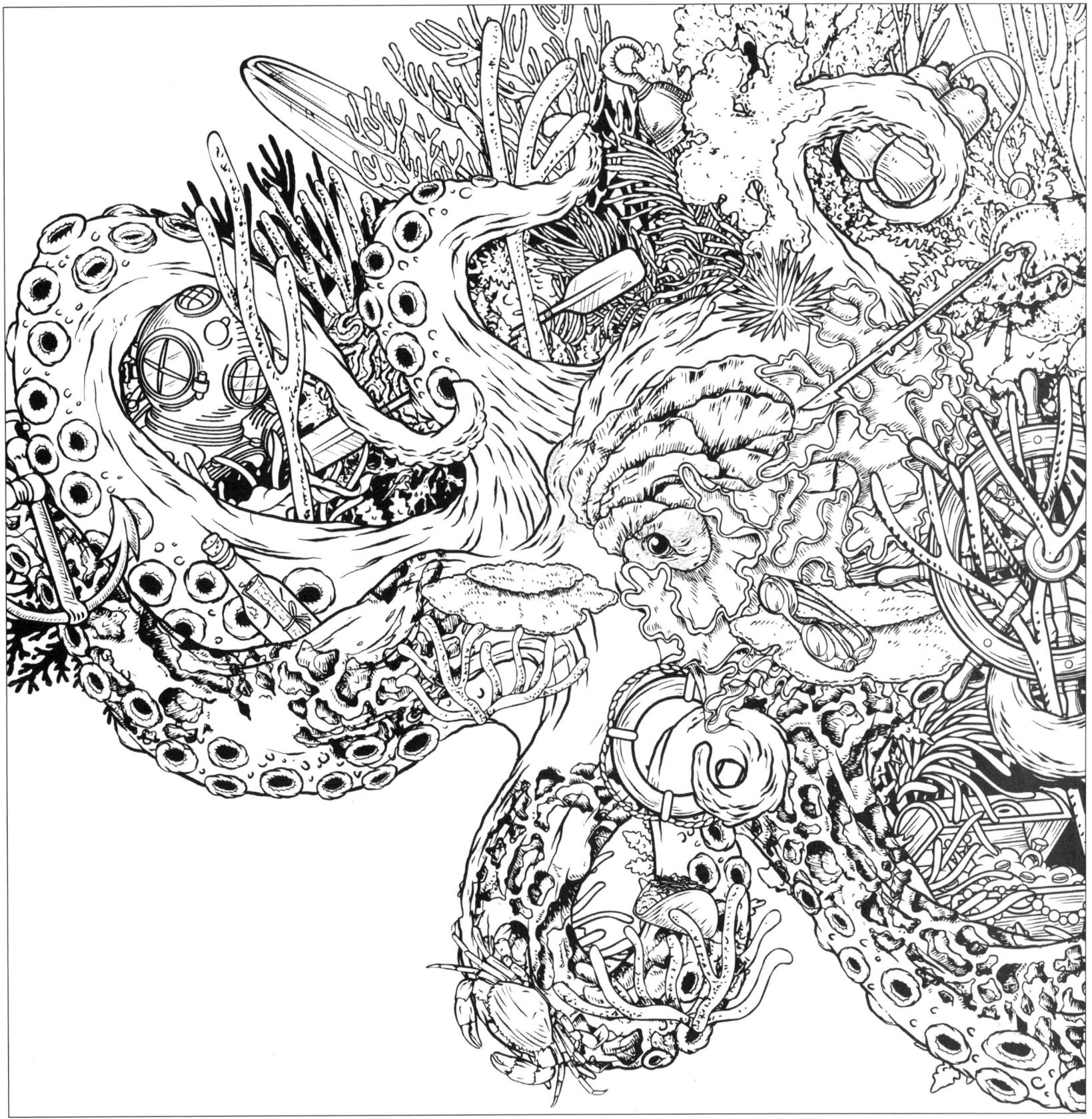

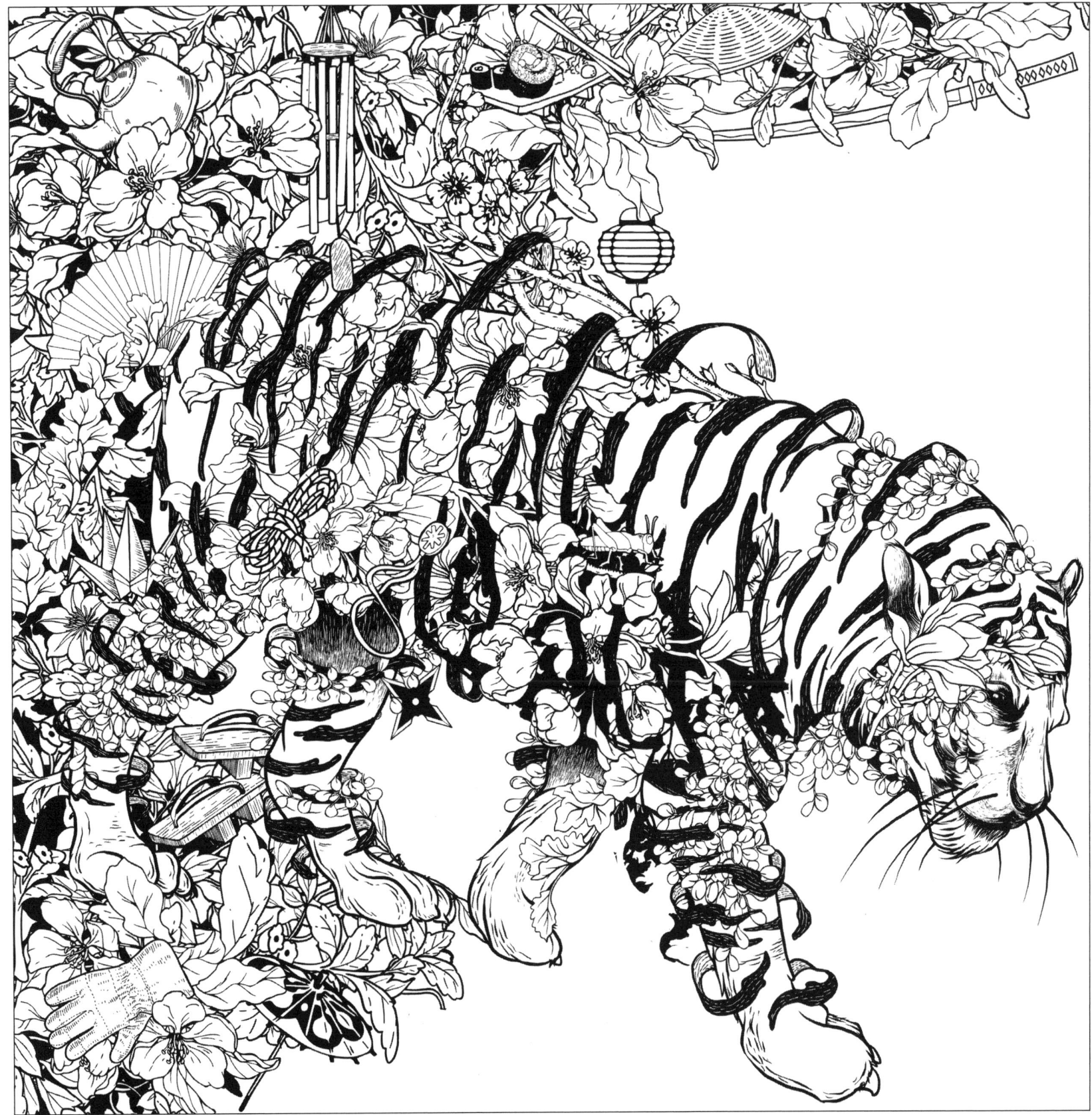

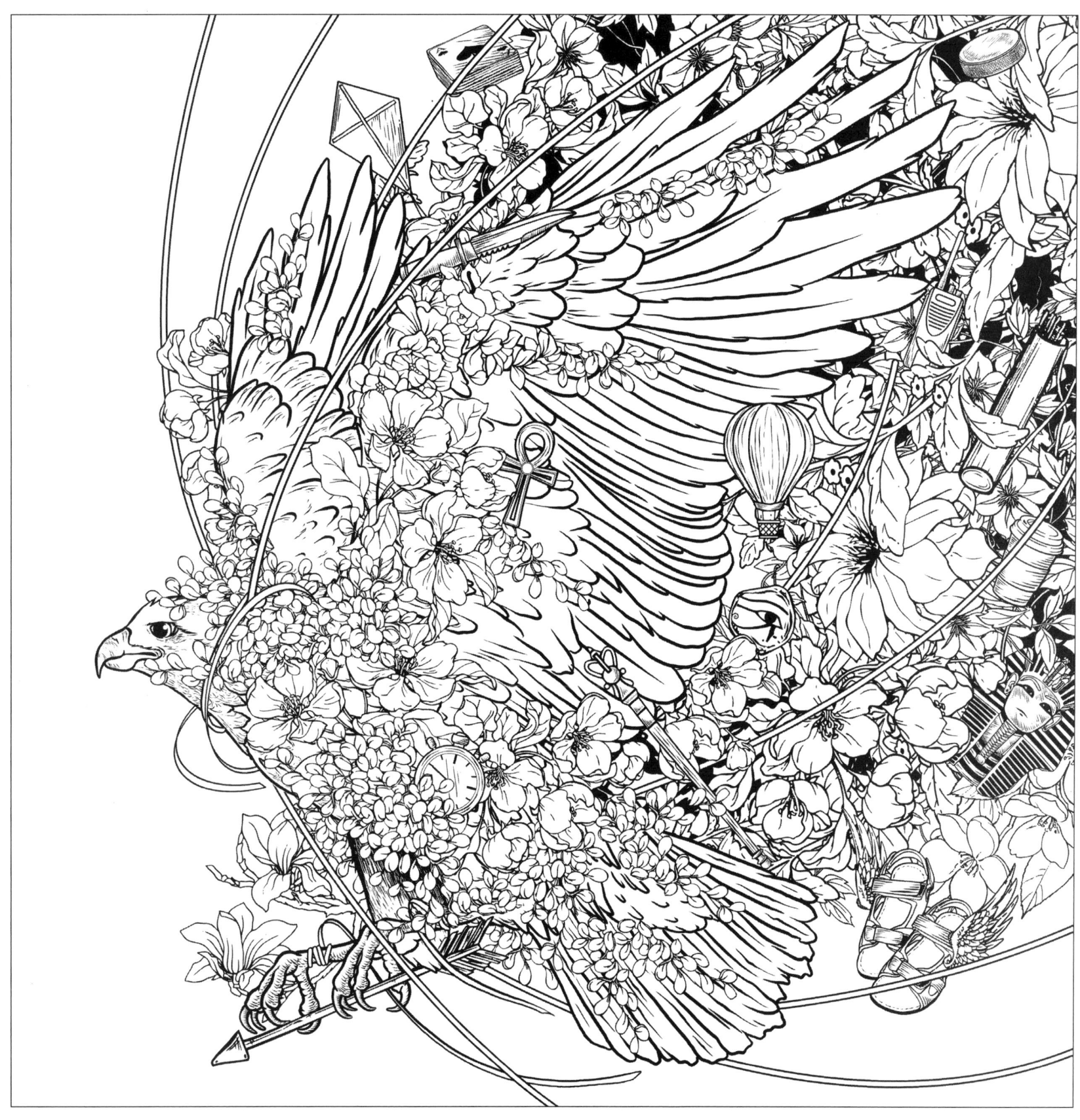

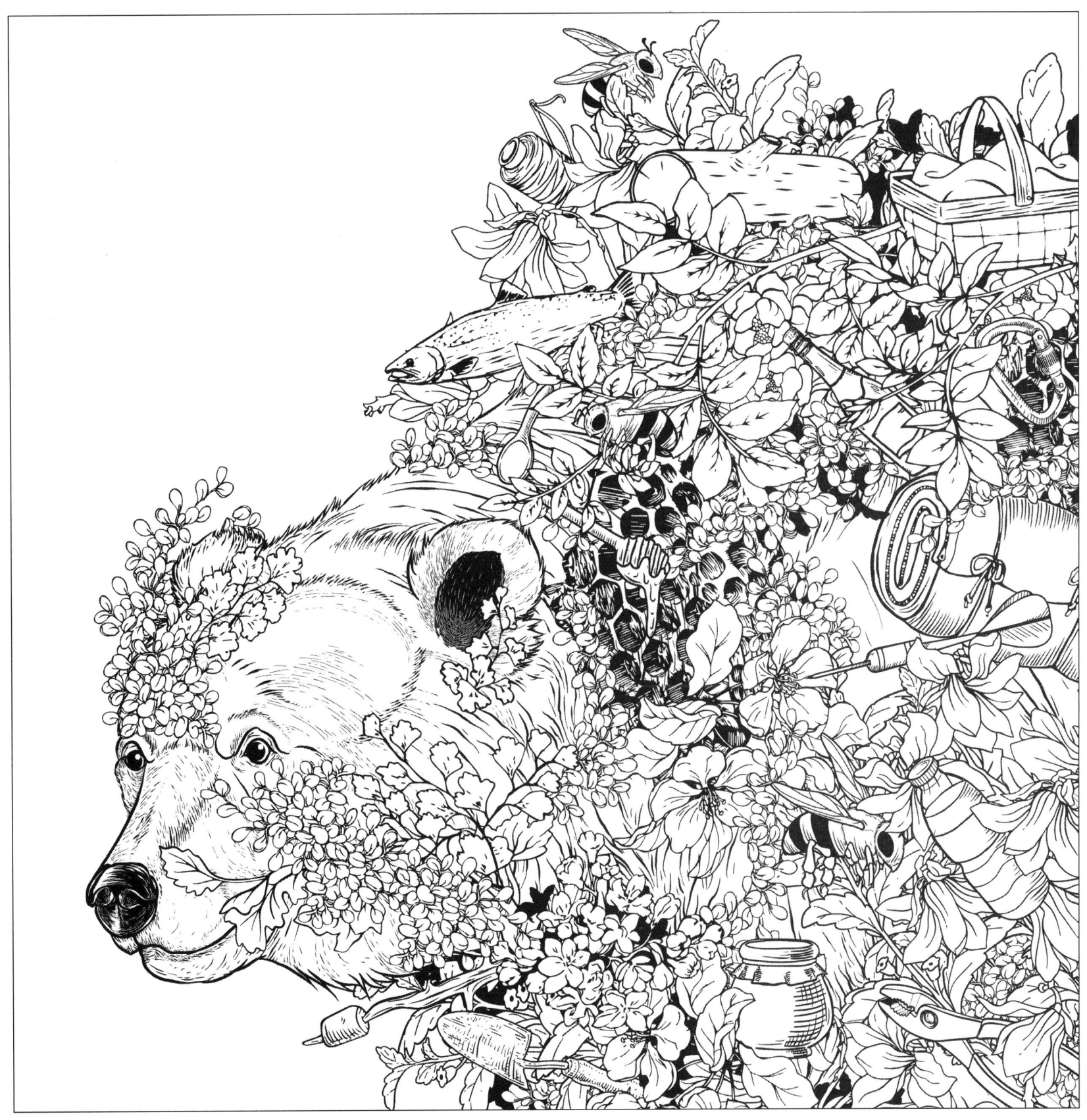

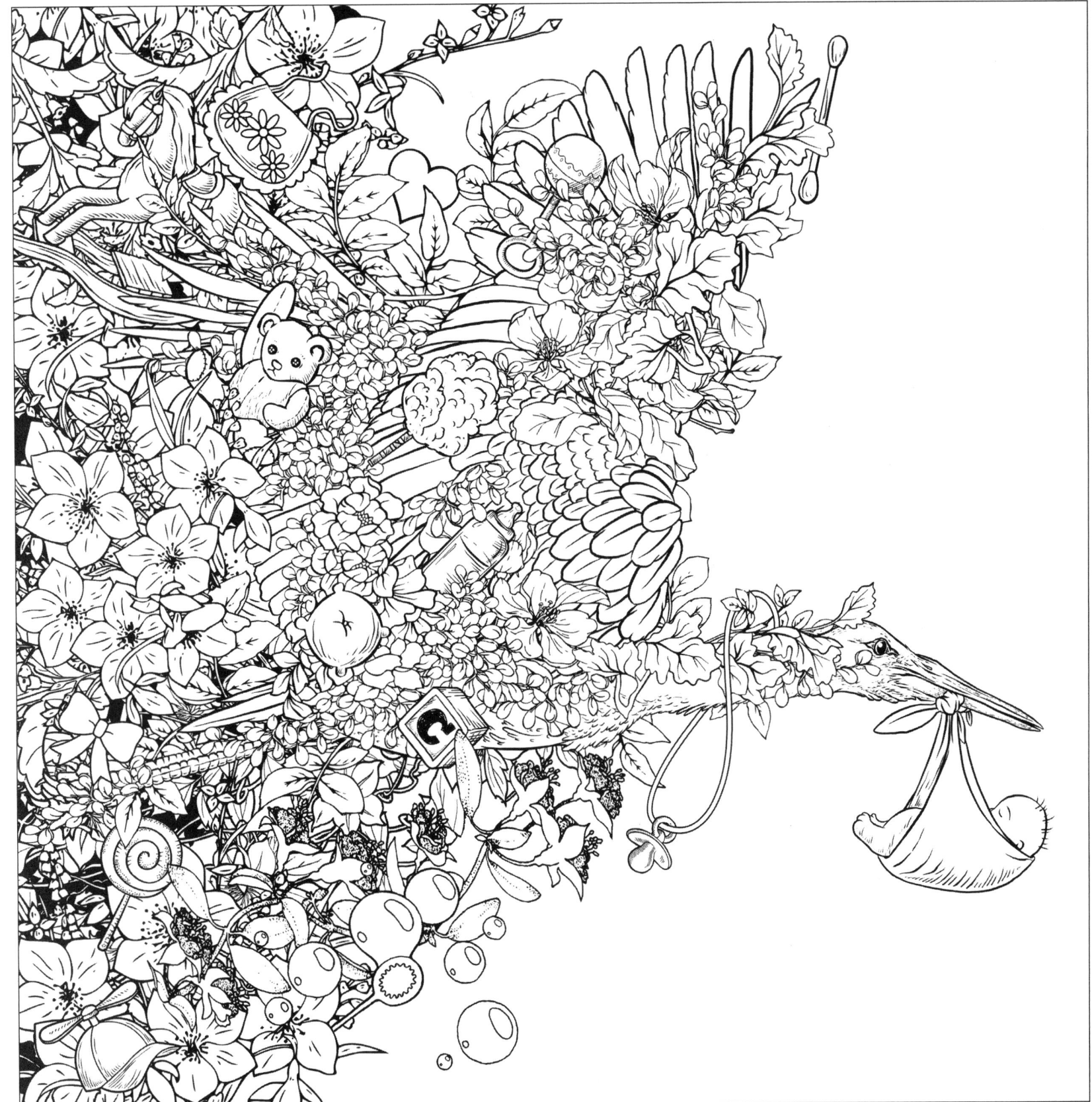

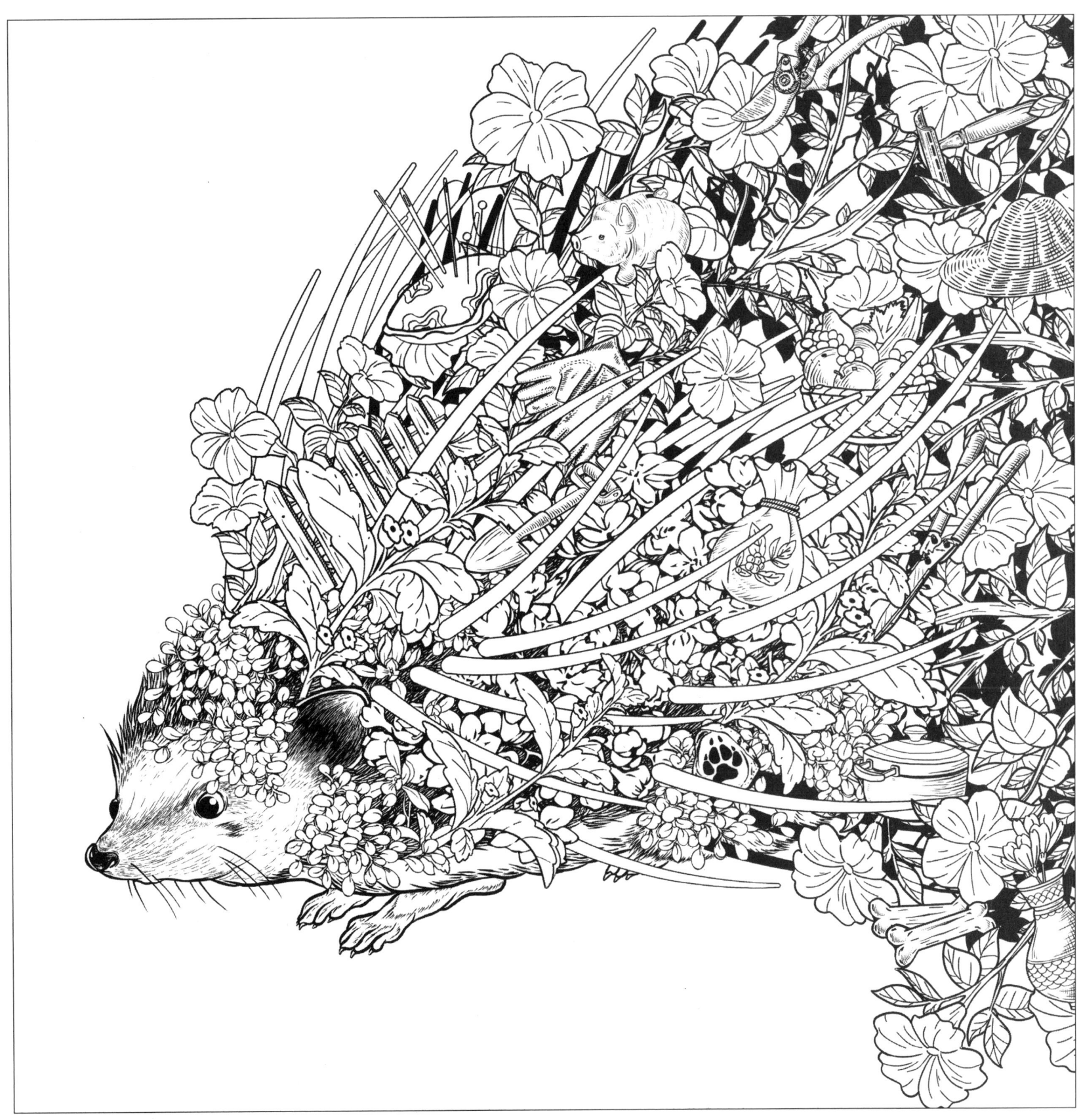

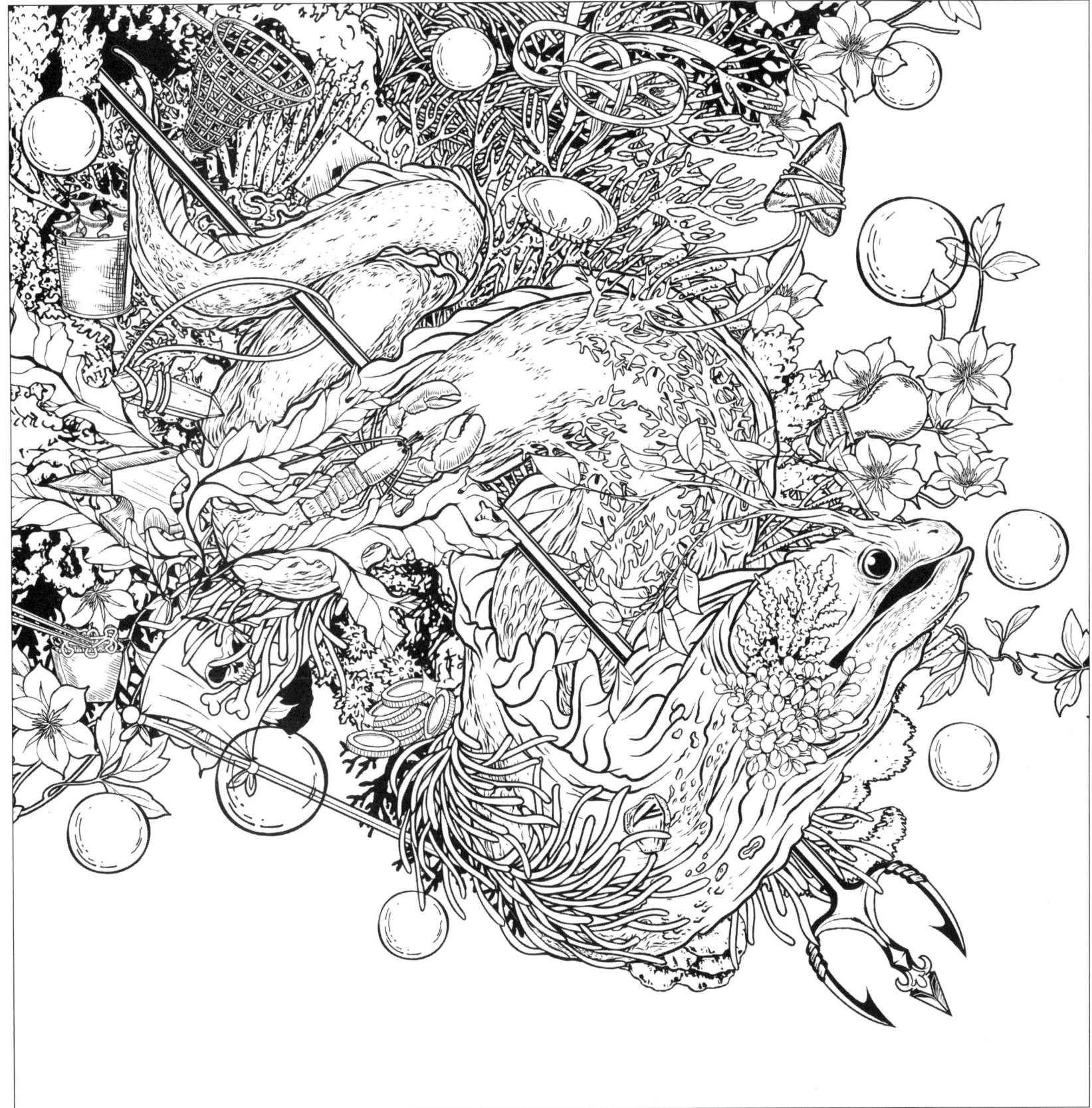

HIDDEN OBJECTS REVEALED

COVER

① Sword ② Snail ③ Book and Pencil ④ Pocket Watch ⑤ Hummingbird ⑥ Mask
⑦ Mouse ⑧ Dragonfly ⑨ Hourglass ⑩ Chess Piece - King ⑪ Acorn ⑫ Spear
⑬ Ribbon ⑭ Crown ⑮ Key ⑯ Rose ⑰ Lamp ⑱ Scroll ⑲ Paper Airplane ⑳ Candle

KOI

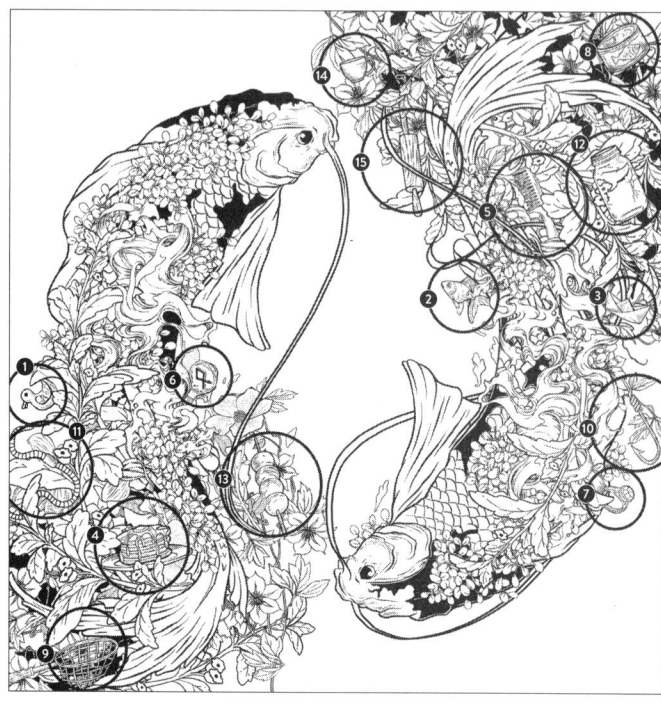

① Rubber Duck ② Goldfish ③ Origami - Paper Boat ④ Pancakes ⑤ Hair
Comb ⑥ Rune Stone ⑦ Ring ⑧ Canned Sardines ⑨ Fishing Net ⑩ Fishhook
⑪ Worm ⑫ Glass Jar ⑬ Fishball ⑭ Teacup ⑮ Rolling Pin

RHINOCEROS

① Gear ② Screwdriver ③ Rune Stone ④ Maraca ⑤ Eggplant ⑥ Scarab
⑦ Music Note ⑧ French Horn ⑨ Light Bulb ⑩ Praying Mantis ⑪ Ruler
⑫ Chocolate Bar ⑬ Binoculars ⑭ Boomerang ⑮ Crayon

UNICORN

① Chess Piece - Knight ② Mace ③ Carrot ④ Harp ⑤ Helmet ⑥ Axe
⑦ Star Pendant ⑧ Chameleon ⑨ Umbrella ⑩ Flute ⑪ Ladybug ⑫ Fork
⑬ Lock ⑭ Scissors ⑮ Candy ⑯ Glasses ⑰ Diamond ⑱ Paint Brush

STAG TREE SPIRIT

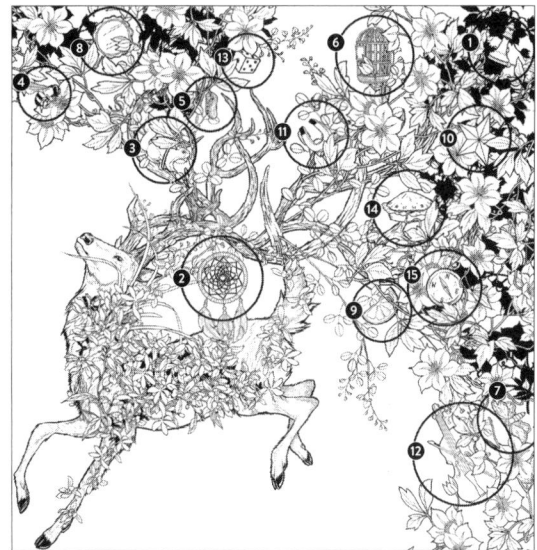

1 Chess Piece - Queen **2** Dreamcatcher **3** Squirrel
4 Bee **5** Cocoon **6** Birdcage **7** Moth **8** Hand Mirror
9 Slice of Lemon **10** Star **11** Magnet **12** Violin **13** Die
14 Pie **15** Compass

CHIMERA

1 Chess Piece - Bishop **2** Spider **3** Apple **4** Hammer
5 Wooden Shield **6** Ball of Yarn **7** Wishbone **8** Knife
9 Totem **10** Spoon **11** Raw Meat and Bone **12** Potion Bottle
13 Magnifying Glass **14** Bell **15** Caterpillar

FRILLED-NECK LIZARD

1 Cactus in a Pot **2** Toothbrush **3** Cookie **4** Screw
5 Shoe **6** Button **7** Matches **8** Pan **9** Spatula **10** Thimble
11 Computer Mouse **12** Tape Measure **13** Rake **14** Coffee Mug
15 Alarm Clock

RABBIT

1 Carrot **2** Carton of Eggs **3** Candy **4** Watering Can
5 Bow **6** Paint Palette **7** Headphones **8** Frog **9** Ice
Cream Cone **10** Safety Pin **11** Trumpet **12** Telescope **13** Bat
14 Spring **15** Boot

OWL

1 Rune Stone **2** Book **3** Monocle **4** Ink and Quill
5 Witch Hat **6** Present **7** Wrench **8** Yo-yo **9** Cupcake
10 Pipe **11** Rubber Stamp **12** Broom **13** Gold Bar
14 Rubik's Cube **15** Abacus

ELEPHANT

1 Rune Stone **2** Wind-up Mouse **3** Bowling Pin **4** Chess
Piece - Pawn **5** Pizza **6** Bucket **7** Baseball Bat **8** Playing
Card **9** Safari Hat **10** Drum **11** Peanut **12** Snake **13** Butterfly
Net **14** Popcorn **15** Camera

CERBERUS

1 Playing Card **2** Rune Stone **3** Chain **4** Keys
5 Gemstone **6** Shovel **7** Flashlight **8** Pocket Knife
9 Map **10** Axe **11** Picture Frame **12** Crow **13** Puzzle Piece
14 Mousetrap **15** Fireworks

BUFFALO

1 Woodpecker **2** Pinwheel **3** Burger **4** Slice of
Watermelon **5** Pencil **6** Toast **7** Hand Bell **8** Friendship
Bracelet **9** Origami - Airplane **10** Corn **11** Whistle
12 Shuttlecock **13** Tongs **14** Popsicle **15** Bowtie

FENRIR (WOLF)

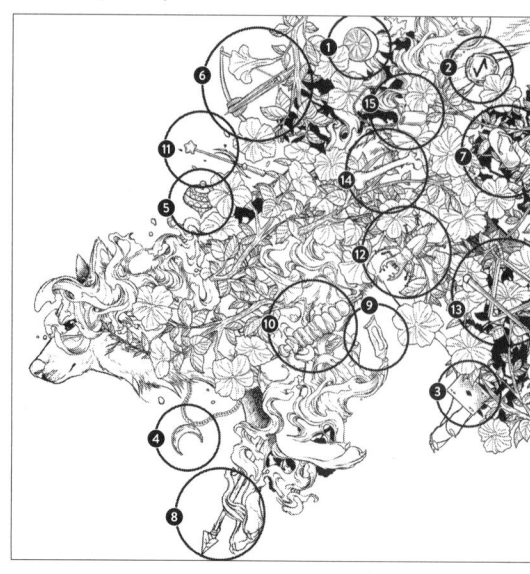

1 Lemon **2** Rune Stone **3** Playing Card **4** Moon Pendant
5 Top **6** Crossbow **7** Flip-flops **8** Spear **9** Paint Tube
10 Skewer **11** Wand **12** Stag Beetle **13** Music Triangle **14** Bone
15 Dog Tag

SEAHORSE

1 Snorkel **2** Flippers **3** Propeller **4** Starfish **5** Jellyfish
6 Bottle Cap **7** Blowfish **8** Soda Can **9** Pearl Clam
10 Turtle **11** Wristwatch **12** Ladle **13** Sponge **14** Soap
15 Seashell

KRAKEN

1 Scuba Tank **2** Paddle **3** Anchor **4** Surfboard **5** Taco
6 Life Preserver **7** Goggles **8** Treasure Chest **9** Ship Wheel
10 Hook **11** Message in a Bottle **12** Diver Helmet **13** Crab
14 Sea Urchin **15** Harpoon

TIGER

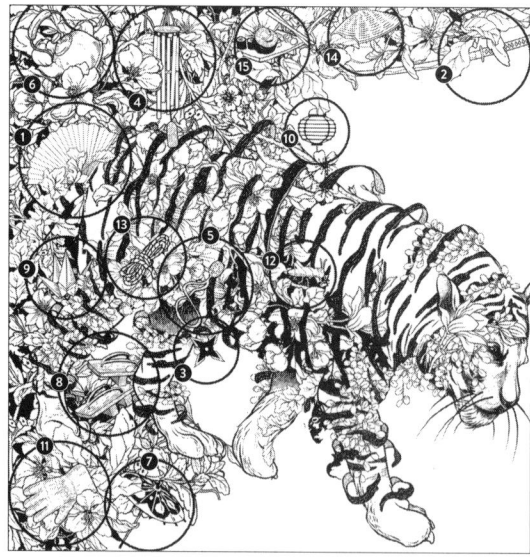

1 Fan **2** Samurai Sword **3** Shuriken **4** Wind Chime
5 Medallion **6** Kettle **7** Paper Umbrella **8** Wooden
Sandals **9** Origami - Crane **10** Lantern **11** Gloves
12 Grasshopper **13** Rope **14** Straw Hat **15** Sushi Plate

TURTLE

1 Sand Shovel and Bucket **2** Doughnut **3** Hermit Crab **4** Shrimp **5** Wooden Crate **6** Eel **7** Gramophone **8** Wine Glass **9** Playing Card **10** Butter Knife **11** Coconut Drink **12** Pineapple **13** Frisbee **14** Movie Ticket **15** Cherries

WINGED LION

1 Soccer Ball **2** Shield **3** Harmonica **4** Rune Stone **5** Goblet **6** Grapes **7** Rollerblades **8** Bell Pepper **9** Whip **10** Gladiator Helmet **11** Golf Club **12** Earphones **13** Fang Necklace **14** Mail **15** Bowl of Soup

HIPPOCAMPUS

1 Rune Stone **2** Horseshoe **3** Golf Ball **4** Pretzel **5** Wooden Barrel **6** Unicycle **7** Microphone **8** Boxing Gloves **9** Jump Rope **10** Jackstone **11** Hotdog **12** Hockey Stick **13** Party Hat **14** Squid **15** Pearl Necklace

JELLYFISH

1 Jewel **2** Bottle Opener **3** Jam and Bread **4** Perfume **5** Notepad **6** Tiki Mask **7** Gelatin Mold **8** Fisherman's Hat **9** Magnifying Glass **10** Gold Coins **11** Thermometer **12** Stars **13** Moon **14** Sun **15** Fish

HAWK

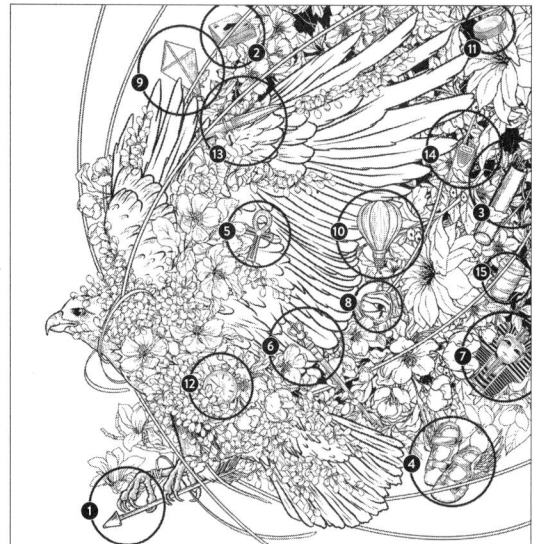

❶ Arrow ❷ Deck of Cards ❸ Quiver ❹ Winged Sandals ❺ Ankh ❻ Scepter ❼ Mummy Mask ❽ Eye of Horus ❾ Kite ❿ Hot Air Balloon ⓫ Hockey Puck ⓬ Stopwatch ⓭ Hunting Knife ⓮ Radio ⓯ Paper Cup

BEAR

❶ Honey Pot ❷ Honey Stirrer ❸ Picnic Basket ❹ Dart ❺ Wine Bottle ❻ Pliers ❼ Thread ❽ Salmon ❾ Hand Trowel ❿ Log ⓫ Sleeping Bag ⓬ Water Bottle ⓭ Wooden Spoon ⓮ Marshmallow on a Stick ⓯ Carabiner

PHOENIX

❶ Viking Helmet ❷ Rune Stone ❸ Sun Pendant ❹ Justice Scale ❺ Emblem ❻ Earrings ❼ Fire Extinguisher ❽ Gas Mask ❾ Dumplings ❿ Barbecue ⓫ Fire Hydrant ⓬ Baguette ⓭ Barbecue Fork ⓮ Candle Holder ⓯ Lighter

LIONFISH

❶ Water Gun ❷ Can Opener ❸ Toy Shark ❹ Brass Knuckles ❺ Letter Opener ❻ Package ❼ Pencil Eraser ❽ Lantern Fish ❾ Sunken Boat ❿ Submarine ⓫ Chair ⓬ Straw and Cup ⓭ Totem ⓮ Shell Necklace ⓯ Lobster Trap

SNAIL

❶ Test Tubes ❷ Rune Stone ❸ Tag ❹ 3D Glasses ❺ Tweezers ❻ Dinosaur Skull ❼ Spider Web ❽ Cassette Tape ❾ Footprint ❿ Broccoli ⓫ Jellybeans ⓬ Spider ⓭ Garlic ⓮ Tomato ⓯ Ice Bucket

GRIFFIN

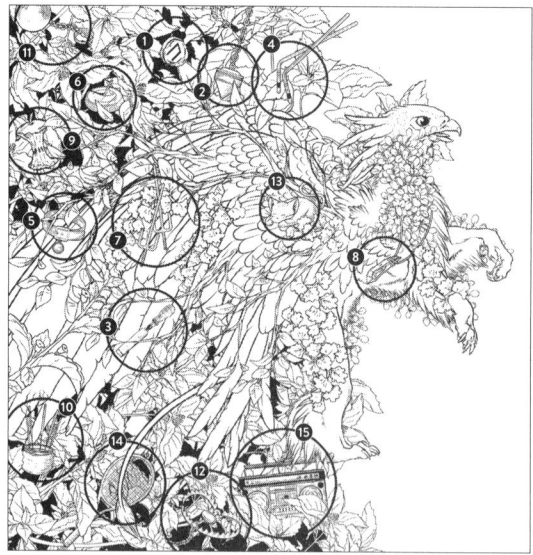

❶ Rune Stone ❷ Pendulum ❸ Chisel ❹ Dowsing Rod ❺ Dog Collar ❻ Sundial ❼ Sai ❽ Crystal Necklace ❾ Bitten Apple ❿ Incense ⓫ Ball and Chain ⓬ Bear Trap ⓭ Cat ⓮ Tennis Racket ⓯ Boombox

MONKEY

1 Banana **2** Telephone **3** Clown Wind-up Box **4** Bag of Chips **5** Pizza Cutter **6** Battery **7** Toilet Paper **8** Nunchucks **9** Iron **10** Graduation Cap **11** Skateboard **12** Moai Statue **13** Handcuffs **14** Slingshot **15** Table Tennis

HUMMINGBIRD

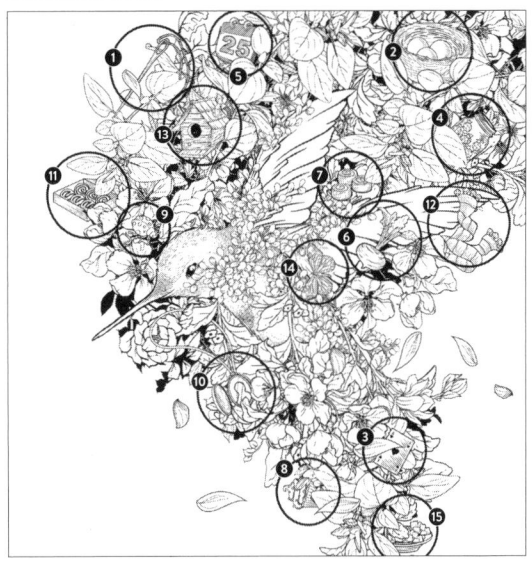

1 Needle **2** Bird's Nest **3** Playing Card **4** Jar of Candy **5** Calendar **6** Beet **7** Cinnamon Rolls **8** Cupcake **9** Ladybug **10** Locket **11** Box of Chocolates **12** Scarf **13** Birdhouse **14** Butterfly **15** Sugar Cubes

RAM

1 Shepherd's Staff **2** Shaving Knife **3** Toaster **4** Wooden Wheel **5** Wagon **6** Dove **7** Gavel **8** Hay **9** Pitchfork **10** Coffee Beans **11** Chili **12** Goat Bell **13** Potholder **14** Urn **15** Horn

WHALE

1 Fishing Pole **2** Seagull **3** Wood Plank **4** Boat **5** Stingray **6** Pirate Hat **7** Eye Patch **8** Pirate's Rum **9** Beach Ball **10** Scuba Diver **11** Coin Purse **12** Wooden Leg **13** Anchor **14** Treasure Map **15** Pirate Sword

CRAB

1 Slice of Pineapple **2** Rubber Band **3** Lug Wrench **4** Jewel **5** Rune Stone **6** Playing Card **7** Wind-up Chomping Teeth **8** Clown Nose **9** Eye Glasses **10** Coin Purse **11** Plant in a Jar **12** Slug **13** Protractor **14** Broken Pencil **15** Churros

STORK

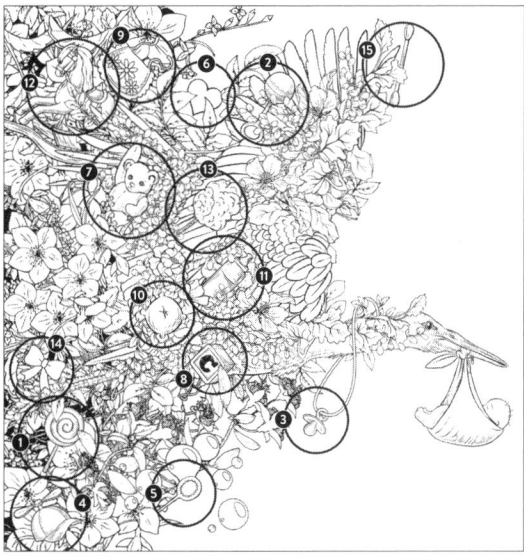

1 Lollipop **2** Baby Rattle **3** Pacifier **4** Propeller Hat **5** Bubble Toy **6** Heart **7** Teddy Bear **8** Letter Block **9** Baby Bib **10** Pillow **11** Baby Bottle **12** Rocking Horse **13** Cotton Candy **14** Bow **15** Cotton Buds

BAT

❶ Music Note ❷ Moon Key ❸ Blindfold ❹ Sonar Monitor ❺ Headphones ❻ Moth ❼ Chef's Hat ❽ Dart Board ❾ Gumball Machine ❿ Bingo Card ⓫ Scorpion ⓬ Bookworm ⓭ Spray Paint ⓮ Power Plug ⓯ Clipboard

HEDGEHOG

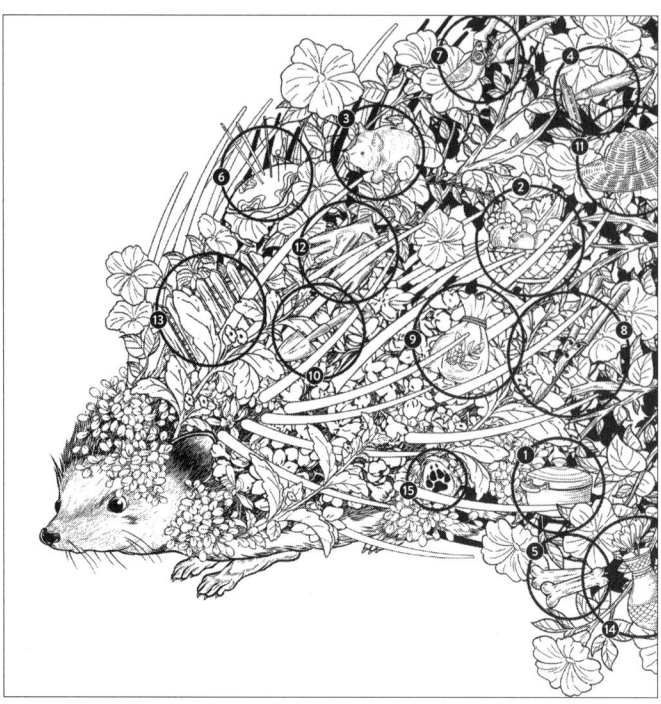

❶ Cooking Pot ❷ Basket of Fruit ❸ Piggy Bank ❹ Razor ❺ Dog Bones ❻ Pin Cushion ❼ Hedge Shears ❽ Pruning Shears ❾ Fertilizer ❿ Trowel ⓫ Straw Hat ⓬ Gardening Gloves ⓭ Picket Fence ⓮ Flower in a Vase ⓯ Paw Print

FROG

❶ Garden Gnome ❷ Top Hat ❸ Magician's Wand ❹ Sun Key ❺ Cane ❻ Sock ❼ Fly ❽ Wooden Sign ❾ Spotlight ❿ Trophy ⓫ World Globe ⓬ Diamond ⓭ Clothes Hanger ⓮ Koi ⓯ Handkerchief

CHEETAH

❶ Sausage ❷ Fried Egg ❸ Bolt of Lightning ❹ Rune Stone ❺ Running Shoes ❻ Toy Train ❼ Speedometer ❽ Jewel ❾ Checkered Flag ❿ Sun Visor ⓫ Cricket Bat ⓬ Lizard ⓭ Bicycle Helmet ⓮ Traffic Cone ⓯ Vinyl Record

CHAMELEON

1 Mirror **2** Jewel **3** Thumbtack **4** Amber **5** Jar of Cookies **6** Billiard Ball **7** Clothespins **8** Bag of Marshmallows **9** Fortune Cookie **10** Hot Compress **11** Beetle **12** Bow **13** Clarinet **14** Fork and Meatball **15** Paint Brush

STINGRAY

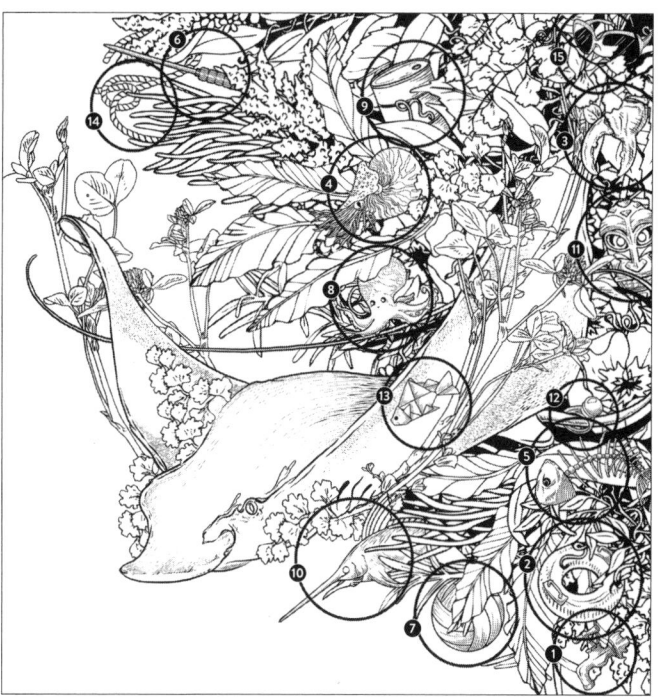

1 Tap **2** Float Tube **3** Crab Claw **4** Nautilus **5** Fish Bone **6** Ice Pick **7** Volleyball **8** Baby Octopus **9** Oil Barrel **10** Swordfish **11** Tiki **12** Pearl Ring **13** Origami - Fish **14** Rope **15** Sunglasses

SNAKE

1 Dice **2** Crystal **3** Poison Bottle **4** Mouse **5** Safety Goggles **6** Laboratory Flask **7** Scalpel **8** Doctor's Mask **9** Recorder **10** First Aid Kit **11** Ice Pack **12** Flashlight **13** Cracked Egg **14** Ginger Root **15** Clay Pot

CARABAO

1 Mango **2** Crowbar **3** Wind Turbine **4** Sickle **5** Paint Can **6** Paper Bag **7** Toolbox **8** Miner's Pick **9** Sombrero **10** Potato Sack **11** Sprout **12** Plow **13** Wheelbarrow **14** Chicken

SWAN

❶ Snow Globe ❷ Music Box ❸ Nutcracker ❹ Snowflake ❺ Hair Pin
❻ Ballet Shoes ❼ Heart Jewel ❽ Rune Stone ❾ Rose ❿ Bunny ⓫ Peacock
Feather ⓬ Strawberry ⓭ Pearl Bracelet ⓮ Ice Cream Sundae ⓯ Gingerbread Man

FOX

❶ Corndog ❷ Paper Clip ❸ Bacon ❹ Slice of Orange ❺ Wasp ❻ Playing Card
❼ Rabbit-Ears Headband ❽ Sandwich ❾ Rune Stone ❿ Glue Gun ⓫ Biscuit
⓬ Billiard Ball ⓭ Bagel ⓮ Arrow ⓯ Lock

EEL

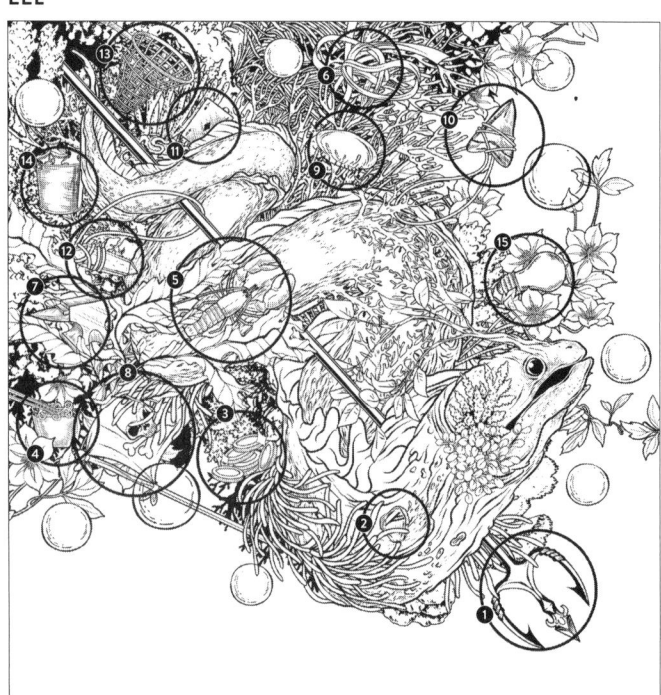

❶ Trident ❷ Rune Stone ❸ Gold Coins ❹ Noodles ❺ Lobster ❻ Ribbon Lasso
❼ Anvil ❽ Pirate Flag ❾ Shower Cap ❿ Shark Tooth Necklace ⓫ Playing Card
⓬ Crystal Necklace ⓭ Fishing Net ⓮ Fish Bucket ⓯ Lightbulb

MOOSE

❶ Strawberry ❷ Rune Stone ❸ Knitting Needles and Yarn ❹ Stocking
❺ Mushrooms ❻ Megaphone ❼ Teapot ❽ Totem ❾ Clapperboard ❿ Typewriter
⓫ Native American Headdress ⓬ Lasso ⓭ Squirrel ⓮ Jewel ⓯ Caterpillar

CAPRICORN

1 Rune Stone **2** Bird Bath **3** Slotted Spoon **4** Sword in a Stone **5** Valve **6** Arrowhead **7** Flail **8** Fishing Lure **9** Mace **10** Tarot Card **11** Grappling Hook **12** Sewing Machine **13** Pot of Gold **14** Naval Mine **15** Fishbowl

CAT

1 Ball of Yarn **2** Milk Carton **3** Jingle Bell **4** Mouse **5** Crystal Ball **6** Lucky Cat **7** Pumpkin **8** Four-leaf Clover **9** Rune Stone **10** Tea Bag **11** Funnel **12** Whisk **13** Adhesive Bandage **14** Butter **15** Feather

PEGASUS

1 Rune Stone **2** Caduceus **3** Billiard Ball **4** Saddle **5** Jewel **6** Circlet **7** Hummingbird **8** Winged Helmet **9** Playing Card **10** Macaroons **11** Toy Airplane **12** Hammer **13** Belt **14** Goblet **15** Cowboy Hat

DRAGON

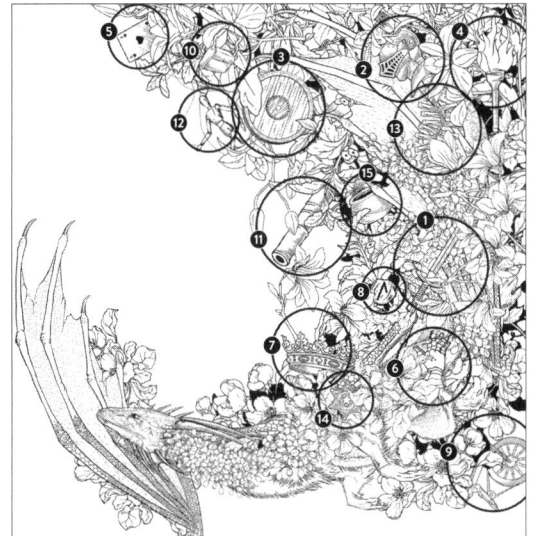

1 Sword **2** Helm **3** Shield **4** Torch **5** Playing Card **6** Gauntlet **7** Crown **8** Rune Stone **9** Spinning Wheel **10** Satchel **11** Cannon **12** Puppet **13** Firecracker **14** Sheriff Badge **15** Cauldron

WALRUS

1 Heart Ring **2** Penguin **3** Ice Cubes **4** Sled **5** Ice Skate **6** Candy Cane **7** Icicles **8** Santa Hat **9** Playing Card **10** Snowman **11** Jewel **12** Spoon **13** Aviator Hat **14** Goggles **15** Cherries

TARSIER

1 Peeler **2** Avocado **3** Banana Peel **4** Jingle Bells **5** Bag of Marbles **6** Doorknob **7** Parrot **8** Xylophone **9** Poker Chip **10** Bone **11** TV Remote **12** Kettlebell **13** Cucumber **14** Spool **15** Snail

RACCOON

❶ Calculator ❷ Bag of Beans ❸ Pinecone ❹ Stapler ❺ Cheese ❻ Ice Cream Scooper ❼ Salt Shaker ❽ Slice of Cake ❾ Pepper Grinder ❿ Trash Can ⓫ Panda ⓬ Rune Stone ⓭ Sack ⓮ Medicine Dropper ⓯ Ramen

PEACOCK

❶ Scarf ❷ Rune Stone ❸ Pickle ❹ Bread ❺ Fedora ❻ Diamond Necklace ❼ Party Blower ❽ Star Key ❾ Oil Bottle ❿ Rattle Drum Toy ⓫ Theatre Faces ⓬ Feather Duster ⓭ Chopped Wood

GIRAFFE

❶ Necktie ❷ Postage Stamp ❸ Pencil Sharpener ❹ Corkscrew ❺ Rune Stone ❻ Billiard Ball ❼ Jewel ❽ Butterfly ❾ Bread ❿ Spell Book ⓫ Suitcase ⓬ Beehive ⓭ Artichoke ⓮ Sunflower ⓯ Ladder

ZEBRA

❶ Zipper ❷ Jewel ❸ Nesting Dolls ❹ Playing Card ❺ Squeegee ❻ Rune Stone ❼ Domino ❽ Arrow in Apple ❾ Wallet ❿ Bow ⓫ Scroll ⓬ Billiard Ball ⓭ Pen ⓮ Succulents in a Jar ⓯ Leprechaun Hat

OTTER

❶ Croissant ❷ Grater ❸ Rune Stone ❹ Peanut Butter ❺ Periscope ❻ Jewel
❼ Thermos ❽ Hatchet ❾ Bowl of Rice ❿ Baked Potato ⓫ Clam ⓬ Cooler
⓭ Steak ⓮ Papaya ⓯ Basket

GAZELLE

❶ Balloon Animal ❷ Billiard Ball ❸ Stethoscope ❹ Jewel ❺ Fries
❻ Rune Stone ❼ Playing Card ❽ Newspaper ❾ Chalk Box ❿ Cork
⓫ Bag of Money ⓬ Bird ⓭ Slice of Lemon ⓮ Unicorn Horn ⓯ Dustpan

BUTTERFLY

❶ Brooch ❷ Blimp ❸ Accordion ❹ Crystal ❺ Strawberry Jam ❻ Nightcap
❼ Lychee ❽ Jewel ❾ Waffle ❿ Flower in Glass Case ⓫ Tiara ⓬ Hair Comb
⓭ Earmuffs ⓮ Letter Blocks ⓯ Balloon

GORILLA

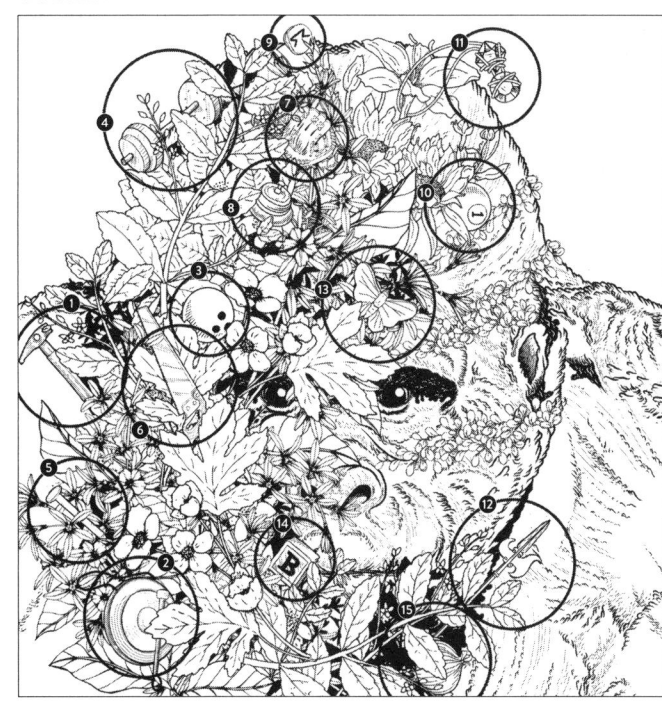

❶ Climbing Pick ❷ Gong ❸ Bowling Ball ❹ Dumbbell ❺ Nail ❻ Hand Saw
❼ Baseball Glove ❽ Service Bell ❾ Rune Stone ❿ Billiard Ball ⓫ Jewel
⓬ Halberd ⓭ Moth ⓮ Letter Block ⓯ Onion